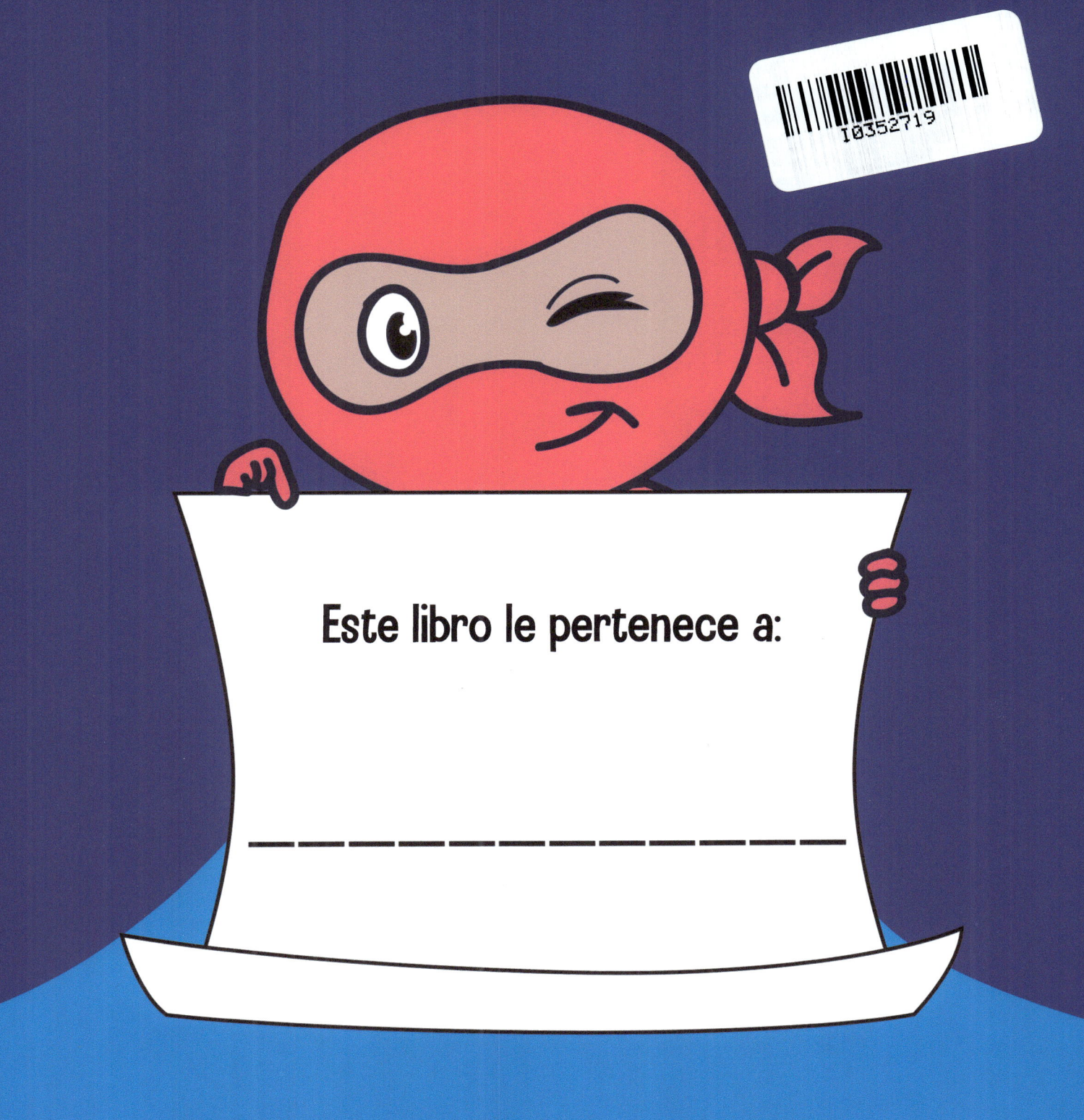

Ninja Life Hacks™

Este libro está dedicado a mis hijos - Mikey, Kobe y Jojo.
La vida es lo que pasa cuando miras a tu celular.

Copyright © 2022 Grow Grit Press LLC. Todos los derechos reservados. Ninguna parte de este libro puede ser reproducida en ninguna forma sin el permiso por escrito de la editorial. Por favor, envíe solicitudes de pedido al por mayor a growgritpress@gmail.com Impreso y encuadernado en los Estados Unidos.
NinjaLifeHacks.tv Tapa blanda ISBN: 978-1-63731-4-784 Tapa dura ISBN: 978-1-63731-4-791

La Ninja Desconectada

Por Mary Nhin

Mantente calmado y tranquilo

Para estar tranquila y calmada, tomé la decisión de ser más consciente.

Por ejemplo, cuando me siento obligada a usar mis aparatos electrónicos cada dos minutos, restablezco mis hábitos haciendo algo activo o creativo.

Cuando me siento irritable o enojada, me reconecto con la naturaleza al montar en bicicleta, jugar un deporte, o al irme de pesca.

Y si me siento ansiosa o estresada, me relajo leyendo o pasando tiempo tranquila, sola.

Pero no siempre he sabido estar tranquila y organizada...

¡Almuerzo!

Cuando no podía encontrar mis aparatos electrónicos, empezaba a entrar en pánico.

Si la internet dejara de funcionar de repente, me molestaría.

Y si pasara mucho tiempo usando mis aparatos electrónicos, me volvería irritable.

Pero todo eso cambió un día cuando la Ninja Amable me sugirió que intentara una forma nueva y divertida de pasar el día.

-¿Quieres que te lo muestre? -preguntó la Ninja Amable.

Restablécete haciendo una actividad divertida. Puede ser algo activo o creativo.

Luego, reconéctate con la naturaleza saliendo a afuera.

Luego, relájate con un poco de música, un libro o un baño.

Al día siguiente, me desperté recordando lo que la Ninja Amable dijo sobre las 3 Rs.

Restablecerse.
Reconectarse.
Relajarse.

Después del desayuno, decidí practicar la primera R - Restablecerse.
He creado un juego nuevo con mi perro.

Para practicar la 2a R – **Reconectarse**, salí a jugar.

Me estaba divirtiendo tanto, que ni siquiera me di cuenta de lo tarde que se había hecho.

Antes de darme cuenta, estaba realizando la 3ª R de la ninja **relajándome** en un largo y cálido baño.

Si alguna vez sientes que podrías necesitar una desintoxicación digital, el recordar las 3 Rs podría ser tu arma secreta contra la adicción a los aparatos electrónicos.

Restablecerse.
Reconectarse.
Relajarse.

¡Visita ninjalifehacks.tv para obtener imprimibles divertidos gratis!

 @marynhin   @officialninjalifehacks
#NinjaLifeHacks

 Mary Nhin   Ninja Life Hacks

 Ninja Life Hacks

 @officialninjalifehacks

www.ingramcontent.com/pod-product-compliance
Lightning Source LLC
Chambersburg PA
CBHW041104070526
44583CB00002B/57